Los NIÑOS Y LA CIENCIA

Los ciclos de vida

Las Vacas

Aaron Carr

SPANISH & ENGLISH eBOOKS
AV2 BY WEIGL™
ADDED VALUE · AUDIO VISUAL

www.av2books.com

W9-CPF-343

El enriquecido libro electrónico AV² te ofrece una experiencia bilingüe completa entre el inglés y el español para aprender el vocabulario de los dos idiomas.

This AV² media enhanced book gives you a fully bilingual experience between English and Spanish to learn the vocabulary of both languages.

Spanish

English

Navegación bilingüe AV²
AV² Bilingual Navigation

CERRAR
CLOSE

INICIO
HOME

CHANGE LANGUAGE
ENGLISH SPANISH
OPCIÓN DE IDIOMA
LANGUAGE TOGGLE

CAMBIAR LA PÁGINA
PAGE TURNING

VISTA PRELIMINAR
PAGE PREVIEW

LOS NIÑOS Y LA CIENCIA
Los ciclos de vida

Las Vacas

CONTENIDO

4

Todos los animales comienzan su vida, crecen, y producen más animales. Esto es un ciclo de vida.

Las vacas son mamíferos. Los mamíferos son animales de sangre caliente. Estos animales generan su propio calor corporal.

7

Las vacas dan a luz a sus bebés vivos. Los bebés pueden llegar a pesar hasta 100 libras. Pueden caminar unas pocas horas después del nacimiento.

Un bebé de vaca toma leche de su madre.

Los bebés de las vacas se llaman terneros. Los terneros a menudo viven juntos pero lejos de las vacas más viejas.

11

Los terneros beben leche durante las primeras seis a ocho semanas de vida. Ellos comienzan a comer hierba después de unos dos meses.

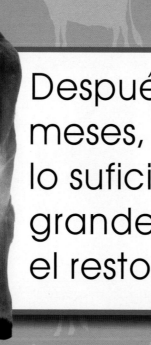

Después de dos meses, las vacas son lo suficientemente grandes para vivir con el resto de la manada.

13

14

Los terneros crecen muy rápidamente. Pueden llegar a pesar hasta 400 libras después de seis meses.

15

Las vacas están totalmente desarrolladas cerca del cuarto año de edad. Pueden llegar a pesar hasta 2.400 libras.

Las vacas pueden tener bebés a los dos años de edad. Llevan a sus bebés en su vientre durante nueve meses.

Las vacas dan a luz a uno o dos terneros a la vez.

Cada vaca tiene sus propias características. Estas pueden ser el tamaño, el color o el tipo de pelo. Las vacas les transmiten sus características a sus crías. Es por esto que los terneros se parecen a sus padres.

Cuestionario sobre los ciclos de vida

Evalúa tus conocimientos acerca de los ciclos de vida de las vacas mediante este cuestionario. Observa estas fotos. ¿Qué etapa del ciclo de vida puedes ver en cada imagen?

¡Visita www.av2books.com para disfrutar de tu libro interactivo de inglés y español!

Check out www.av2books.com for your interactive English and Spanish ebook!

1 Entra en www.av2books.com
Go to www.av2books.com

2 Ingresa tu código
Enter book code

Z759052

3 ¡Alimenta tu imaginación en línea!
Fuel your imagination online!

www.av2books.com

Published by AV² by Weigl
350 5th Avenue, 59th Floor New York, NY 10118
Website: www.av2books.com   www.weigl.com

Library of Congress Control Number: 2014933475

ISBN 978-1-4896-2198-6 (hardcover)
ISBN 978-1-4896-2199-3 (single-user eBook)
ISBN 978-1-4896-2200-6 (multi-user eBook)

Printed in the United States of America in North Mankato, Minnesota
1 2 3 4 5 6 7 8 9 0 18 17 16 15 14

042014
WEP280314

Project Coordinator: Jared Siemens
Spanish Editor: Translation Cloud LLC
Art Director: Terry Paulhus